M000166329

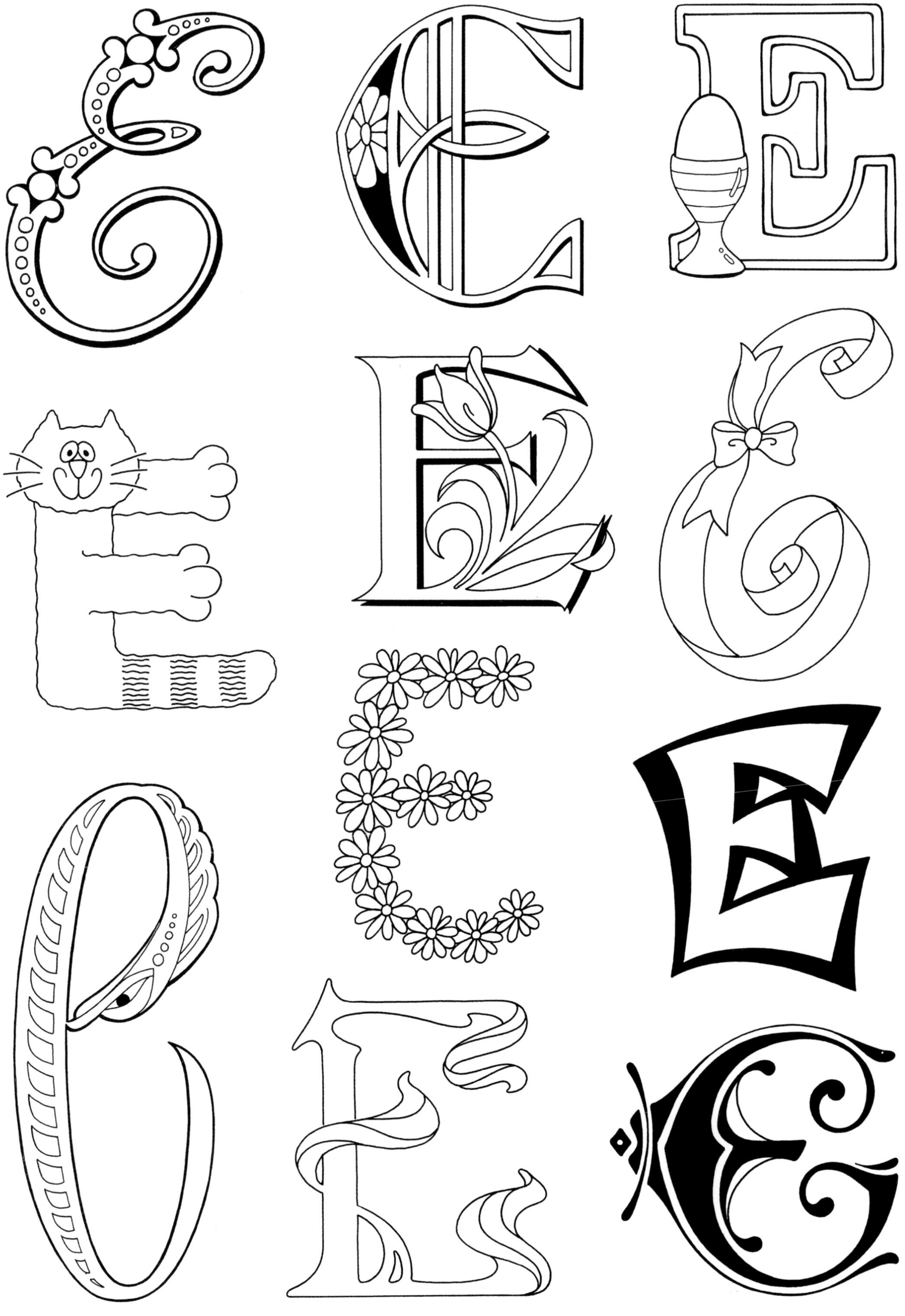

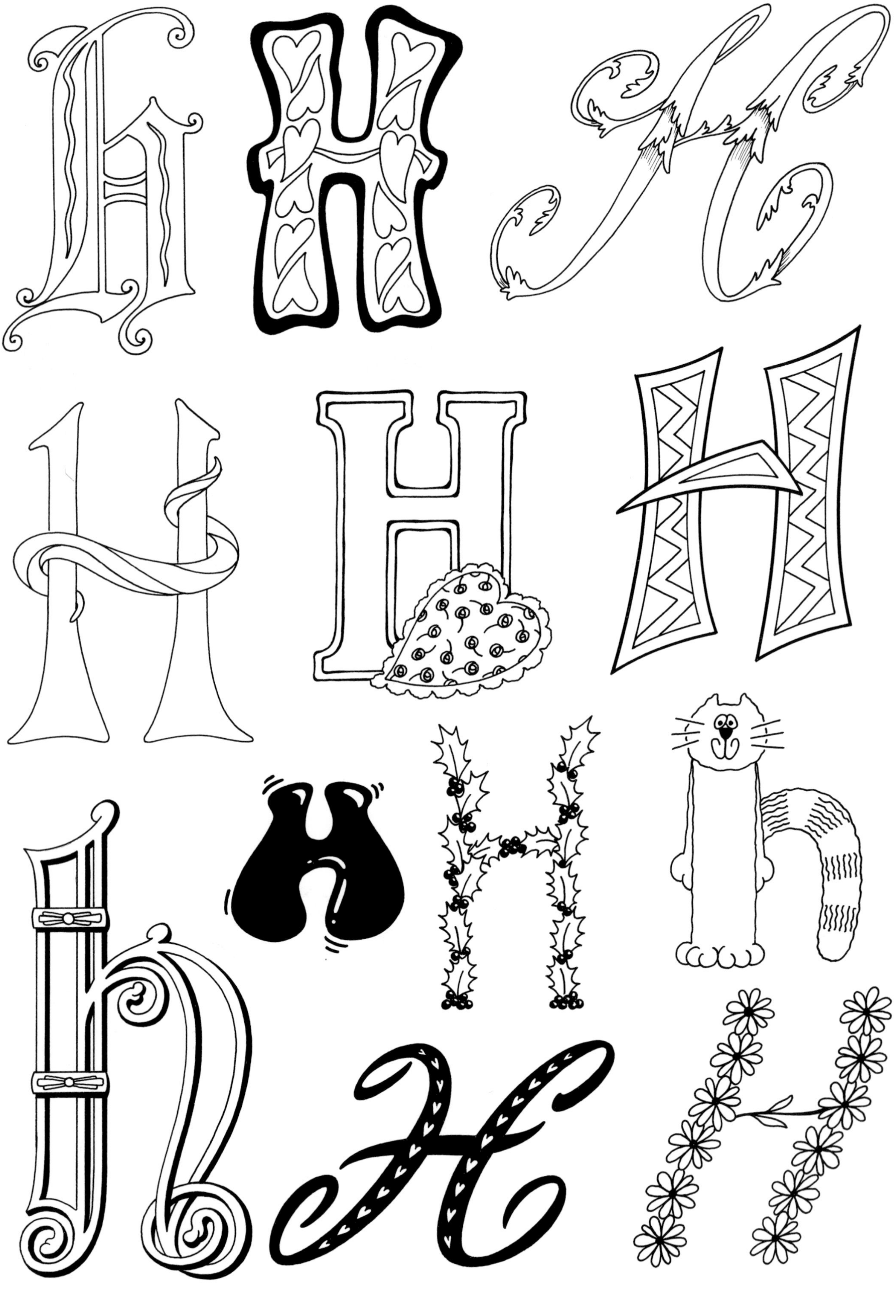

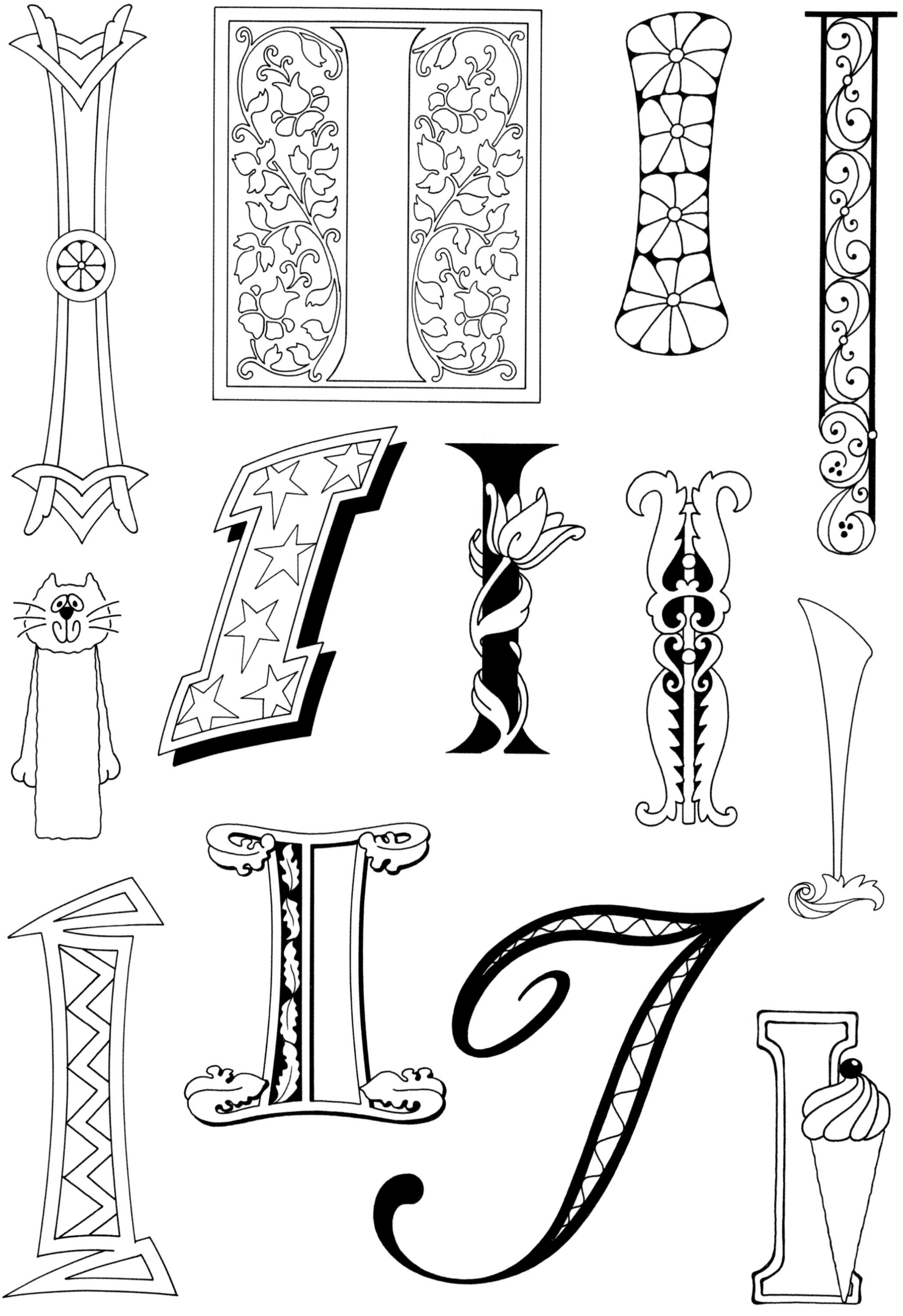

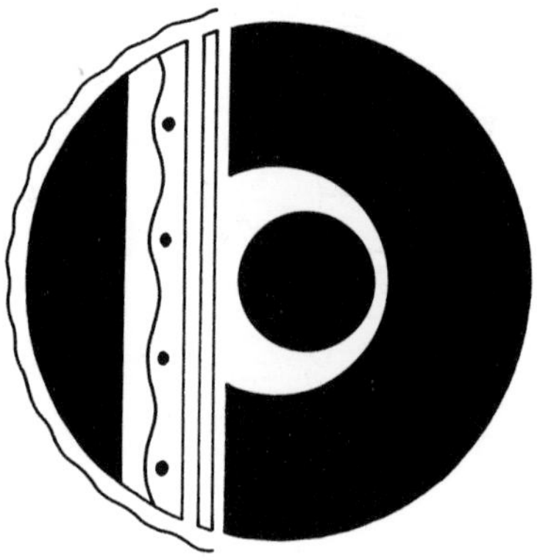
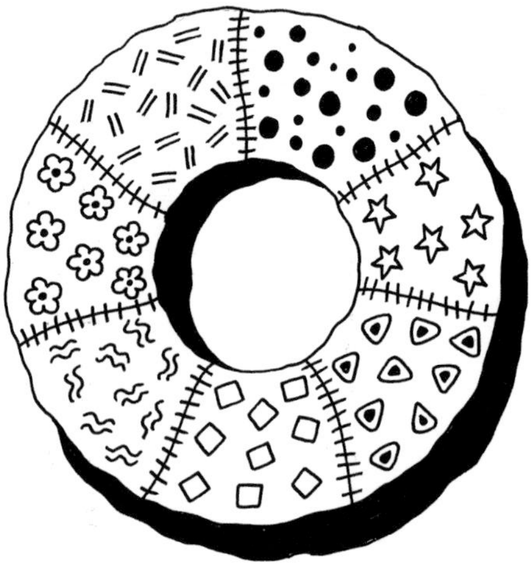

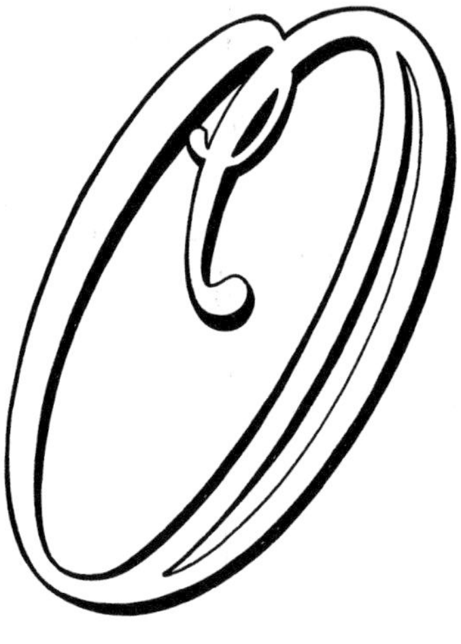
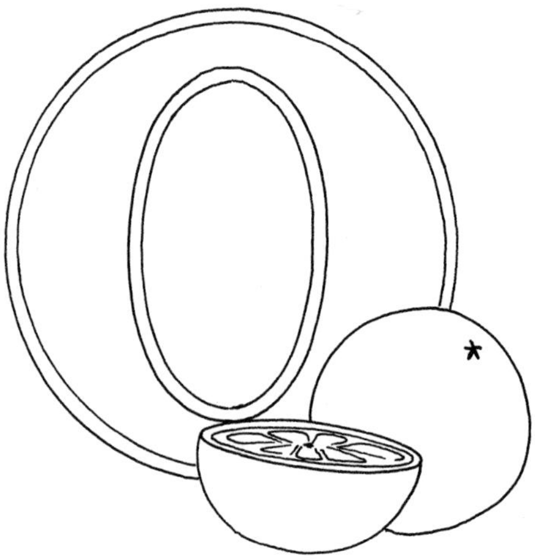